どのせん手《しゅ》のひっさつわざかな？

パート1

この本《ほん》に出《で》てくるせん手《しゅ》たち（岩谷麻優《いわたにまゆ》せん手《しゅ》、AZM《あずみ》せん手《しゅ》、飯田沙耶《いいださや》せん手《しゅ》）のひっさつわざを見《み》つけてね！

さんかくとびプランチャ

ドドンパ

反抗期クラッチ

2だんしきドラゴン・スープレックス・ホールド

飯田ばし

あずみすし

ぎゃく水へいチョップ

みだれうち

ひっさつわざのこたえ

★2〜3ページと78〜79ページのクイズのこたえはこちら！　みんなはいくつ、ひっさつわざを見《み》つけられたかな?★

2〜3ページ

飯田ロケット
フブキ・ラナ
マヒカ・デ・マユ
垂直落下
ブレーンバスター
さんかくとびプランチャ
ドドンパ
2だんしきドラゴン・スープレックス・ホールド
反抗期クラッチ
カナディアン・デストロイヤー
あずみずし
飯田ばし
ぎゃく水へいチョップみだれうち
ミスティカ
達者でな！
クリスト
フロッグ・スプラッシュ
飯田岩
ヌメロ・ウノ
ムーンサルト・プレス

ピンク

岩谷麻優《いわたにまゆ》せん手《しゅ》のひっさつわざ

パープル

AZM《あずみ》せん手《しゅ》のひっさつわざ

グリーン

飯田沙耶《いいださや》せん手《しゅ》のひっさつわざ

78〜79ページ

フェアリアルギフト
朱雀
キック
バズソー
黒虎脚殺
ジャーマン
ぽいすて
プランチャ・スイシーダ
白虎
ムーンサルト
黒虎天罰
青《せい》龍《りゅう》
スター・スープレックス・ホールド
玄《げん》武《ぶ》
冠先割
朱《しゅ》せかい
フェアリー・マジック
フェアリング・リング
流炎
フェアリープリンセス

ブルー

スターライト・キッドせん手《しゅ》のひっさつわざ

オレンジ

なつぽいせん手《しゅ》のひっさつわざ

レッド

朱里《しゅり》せん手《しゅ》のひっさつわざ

もんだいのページを先《さき》によんでから、このページをよんでね！

ぷっちぐみベスト!!
STARDOM
小《しょう》学《がく》
まんが
スターダム☆ドリームズ
まんが 今《いま》井《い》康《やす》絵《え》・ハラミユウキ

おしえて！ 岩谷《いわたに》せん手《しゅ》!!

プロレスってな〜に??

こんにちは！岩谷《いわたに》麻《ま》優《ゆ》です！
プロレスってどんなイメージ？
こわい？ いたい？
ちっちっちー
めっちゃかっこよくてイケてるスポーツエンタテインメントだよ

プロレスは、**プロレスラー**とよばれるせん手《しゅ》たちが、**体《からだ》ひとつ**でたたかうスポーツ。はでなわざをかけたり、そのわざをかれいにうけたり、まるで**ショーを見《み》ているようなおもしろさ**があるの！ それに、たおされてもたおされても**立《た》ち上《あ》がるせん手《しゅ》たちのすがた**は、きっとあなたをかんどうさせてくれるはず！

4コマでわかるプロレスのルール

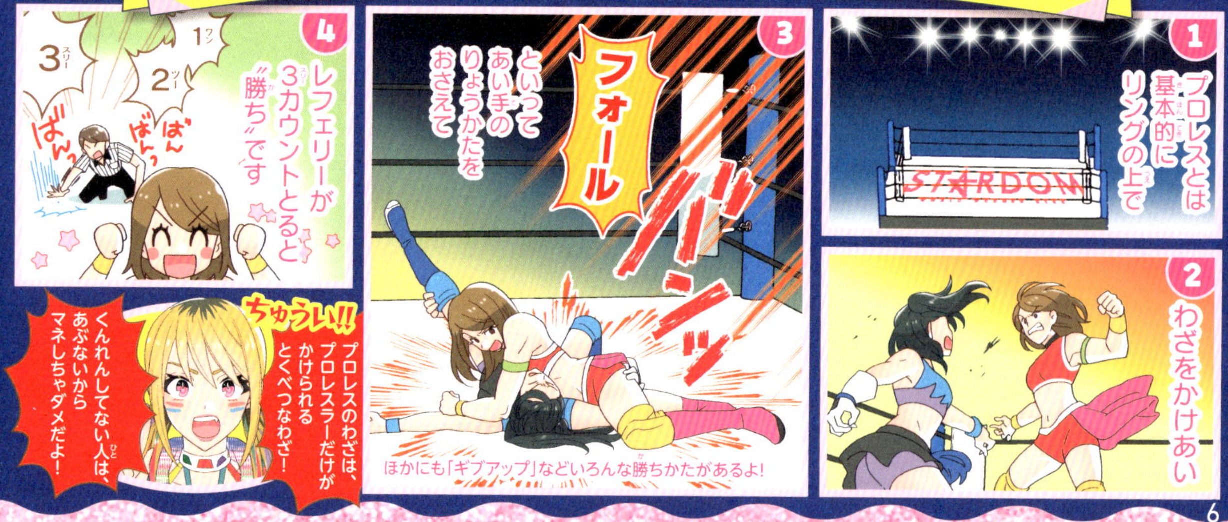
1
プロレスとは基本的《きほんてき》にリングの上《うえ》で
STARDOM
2
わざをかけあい
3
フォール
といってあい手のりょうかたをおさえて
ほかにも「ギブアップ」などいろんな勝《か》ちかたがあるよ！
4
1《ワン》
2《ツー》
3《スリー》
ばんっ
ばんっ
ばんっ
レフェリーが3《スリー》カウントとると〝勝《か》ち〟です
ちゅうい!!
プロレスのわざは、プロレスラーだけがかけられるとくべつなわざ！
くんれんしてない人《ひと》は、あぶないからマネしちゃダメだよ！

宇宙一きらめく女子プロレス団体 STARDOM
WORLD WONDER RING

◀もっとくわしくしりたいコは、HPをチェック！

あたしがしょぞくする団体 スターダムをしょうかいするよ！

プロレスには、男子も女子もかずかずの団体があるよ。岩谷麻優せん手がしょぞくする"スターダム"は、アイドルのようなスターせん手たちが、「明るく、たのしく、あたらしく、そして美しく！」をモットーに、ファンをたのしませているんだ★

2025年のスターダムの6つのユニットをチェック！！
（チームのようなもの）

ゴッズ・アイ
"モノがちがう女"朱里せん手を中心に、たたかいの神にえらばれたメンバーがしゅうけつ！

コズミック・エンジェルズ
"宇宙一カワイイアイドルレスラー"中野たむせん手がひきいるユニット！

スターズ
スターダムのせいき軍！スターダムをひっぱる岩谷麻優せん手がリーダーだよ★

ヘイト
悪やくレスラーがせいぞろい！はんそくわざをしかけることも！

ネオ・ジェネシス
ふくめんレスラーのスターライト・キッドせん手などがいる、明るくはなやかなユニット！

イー・ネクサス・ヴィー
ユニット名には「女帝」と「女神」といういみがこめられているよ！

もくじ

この本《ほん》にとうじょうするスターせん手《しゅ》たち!!!!

※まんがは2023～24年《ねん》掲載《けいさい》当時《とうじ》のまま収録《しゅうろく》しています。

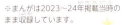

これで
ワーッ
ワーッ
おわりだーー!
まゆーッ
ゴング1
最後《さいご》に立《た》ってたやつが勝《か》ち!
岩谷麻優《いわたにまゆ》
数年前《すうねんまえ》——
あたし 岩谷麻優《いわたにまゆ》は 高校《こうこう》をやめて ひきこもっていた
おーっ!!
おにいちゃん なに見《み》てるの?
プロレス
まゆも見《み》る?

※風香《ふうか》さん…元女子《もとじょし》プロレスラー　※ロッシー小川《おがわ》さん…スターダム創設者《そうせつしゃ》

スイッ
スイッ
これ山口《やまぐち》のおみやげです！
スッ
麻優《まゆ》ちゃん…東京《とうきょう》はじめて…だよね？
うんっ
おまつりでもこんなに人《ひと》たくさん見《み》たことない
このコは…
大物《おおもの》になる！
バッ
フッ

道場
うあ〜〜 いたい—— もうムリ〜〜〜!
やる気《き》ないヤツ やめて ほしいよねー
あんなヤツ ぜったいムリだよ
どうせ一番《いちばん》に やめてくよ
……
でも あたし プロレスが すき!
ぜったい 女子《じょし》 プロレスラーに なるもん!
あんた おもしろいね ちょっと 指導《しどう》してやるよ
うんッ!
ピタッ
紫雷《しらい》イオせん手《しゅ》
こーゆーときは「はい よろしく おねがいします」って 言《い》うんだよ♥
ギリ
ギリ
ギリ
は…ハイ!!

こうしてあたしは
プロレスラーになれたけど…
ドッ
あたしはポンコツだ
なにをやってもダメで……
でも
プロレスが大《だい》すき
それだけは
だれにも負《ま》けない

ぞっ……
こ…こいつ
ゾンビか…？
刀羅《とうら》ナッコせん手《しゅ》
たおしても
たおしても
立《た》ち上《あ》がってくる…
あたしは
プロレスが大《だい》すき
ユラァ
ダーンッ
フォール!!
1《ワン》.
2《ツー》.
バンッ
ばっ!

つらくなっても
カウント2《ツー》までは
休《やす》めるし
かけられた技《わざ》が
つらかったら
うぁぁあああああ
ロープ※に
にげればいい
ロープ!! ロープ!!
※ロープ：技《わざ》がきめられているじょうたいで、手《て》や足《あし》で
ロープをタッチなどすると技《わざ》が解除《かいじょ》されるよ。
休《やす》んだっていい
にげたっていい
プロレスでは
最後《さいご》に立《た》ってたやつが
勝《か》ちだ!!

ワァッ
また立《た》った！
おうえんしたくなっちゃうね！
ワァァァァ
岩《いわ》谷《たに》麻《ま》優《ゆ》は本当《ほんとう》にふしぎなコ！
ボコボコになりながら最後《さいご》まであきらめない…
ワァァァァァァ!!!
いーわたにっ！
いーわたにっ!!
まゆーっ!!
はじめて会《あ》った日《ひ》に見《み》せたあの動《うご》き
人《ひと》の動《うご》きをよむ力《ちから》！
そしてあい手《て》の動《うご》きをまっこうからうけず さからわず自分自身《じぶんじしん》の力《ちから》を無《む》のようにぬくことで力《ちから》をうけながす…
ワァァァァ

※アントニオ猪木《いのき》：昭和《しょうわ》にかつやくした名《めい》プロレスラー
まさに
※アントニオ猪木《いのき》の
〝風車《ふうしゃ》の理論《りろん》〟!!
これでおわりだー!
ムーンサルトプレス!!

★おわり★「ぷっちぐみ」2023年《ねん》９月号掲載《がつごうけいさい》

せん手《しゅ》ファイル 1

岩《いわ》谷《たに》麻《ま》優《ゆ》

DATA

★たん生日《しょうび》:2月《がつ》19日《にち》

★出《しゅっ》しん地《ち》:山口県《やまぐちけん》

★しん長《ちょう》:165cm《センチメートル》

★体《たい》じゅう:50kg《キログラム》

プロレスのもうし子《こ》!!

手足《てあし》を生《い》かしたファイトがカッコいい♡

スラリとのびた

ユニット「スターズ」のリーダー!

2だんしきドラゴン・スープレックス・ホールド

あい手《て》をはがいじめ。
いったん空中《くうちゅう》でタメて
後《うし》ろになげとばす!!

ムーンサルト・プレス

後《うし》ろに回《まわ》りながら
ダイブ&《アンド》ボディプレス!
まるでアニメの
スーパーヒーロー!!

うつくしいわざの数《かず》かず!

はく力《りょく》まんてんのキック★

ベルトがとれたよ!

ねわざだってとくい!

口《くち》ぐせは"わや"!

山口《やまぐち》べんで「大《たい》へん」っていみ。
「わやわや!」ってよく言《い》ってる〜。

ペットは5ひき!

犬《いぬ》とねこ、りょうほうかって
いるよ♪

かけられていやなわざ

チョップ、はり手《て》、頭《ず》つき! シンプルにいたい!

引《ひ》きこもりだった!

プロレスに出会《であ》って、今《いま》は「自分《じぶん》もむねをはっていいんだ」って思《おも》うようになったよ。

「やめなければかのうせいがある」と思《おも》ってがんばっているよ!

せん手《しゅ》ファイル 2

AZM《あずみ》

DATA
★たん生日《しょうび》:10月《がつ》1日《ついたち》
★出《しゅっ》しん地《ち》:東京都《とうきょうと》
★しん長《ちょう》:155cm《センチメートル》
★体《たい》じゅう:53kg《キログラム》

リングの中《なか》をかけ回《まわ》る高《こう》そくばくだんむすめ!!

ユニット「ネオ・ジェネシス」のメンバー!

\ きらめくとくいわざ /

あずみずし!!

あおむけにしたあい手《て》をたたむようにまるめる☆

ダイビングフットスタンプ

リングのロープに立《た》って、とびおりるよ!

あい手《て》にやられちゃうことも…

9才《さい》かられんしゅう生《せい》に!

ならいごと感《かん》かくではじめたよ。ふっきん50回《かい》など、大人《おとな》のせん手《しゅ》の半分《はんぶん》のメニューをこなしていたよ!

※現在は18歳以上からの練習生募集となります。

ロープワークがとくい!

リングまわりのロープのはんどうを生《い》かして、リングの中《なか》をかけ回《まわ》っちゃう!!

アニメやゲーム大《だい》すき♡

一生《いっしょう》「スプラトゥーン」してる(^^)/ 「あつ森《もり》」のわたしの村《むら》も、見《み》てほしいくらい!

リングメイクはこい目《め》に!

ライトが明《あか》るいから、ひょうじょうがとばないように目《め》・まゆ・口《くち》をこくメイクしてるよ!

早《はや》くからうちこんで…
わたしの青春《せいしゅん》はプロレスです!!
みんな見《み》にきてね♪

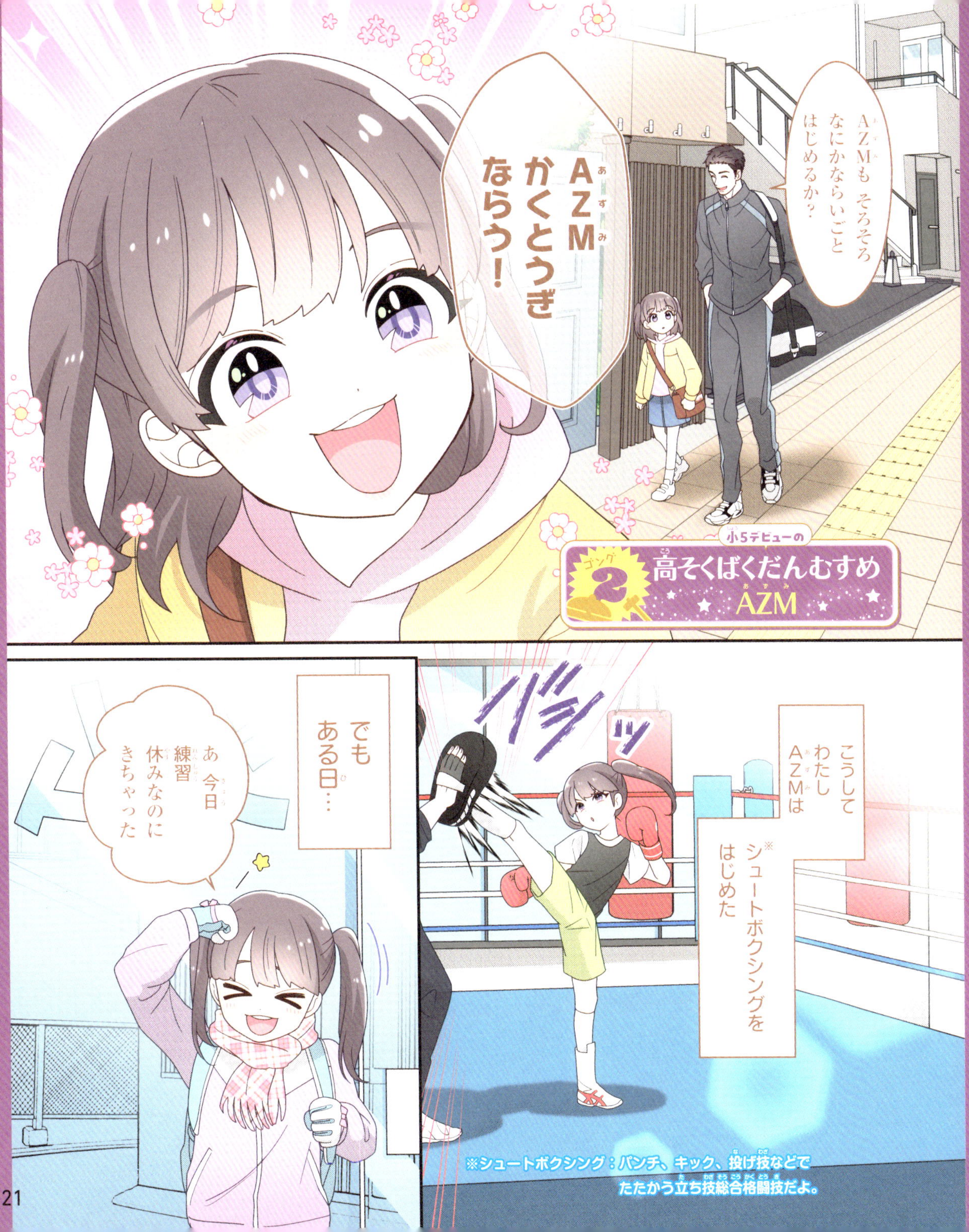
AZM《あずみ》も　そろそろ　なにかならいごと　はじめるか？
AZM《あずみ》　かくとうぎ　ならう！
小《しょう》5デビューの
ゴング 2
高《こう》そくばくだんむすめ
AZM《あずみ》
こうして　わたし　AZM《あずみ》は
※シュートボクシングを　はじめた
バシッ
でも　ある日《ひ》…
あ　今日《きょう》　練習《れんしゅう》　休《やす》みなのに　きちゃった
※シュートボクシング：パンチ、キック、投《な》げ技《わざ》などでたたかう立《た》ち技《わざ》総《そう》合《ごう》格《かく》闘《とう》技《ぎ》だよ。

プロレスの教室《きょうしつ》やるよ
やってみる？
プロレス？
風香《ふうか》さん
よし じゃあ
ちょっと見《み》せよう
わ
わ
わ
かっこいいーー!!

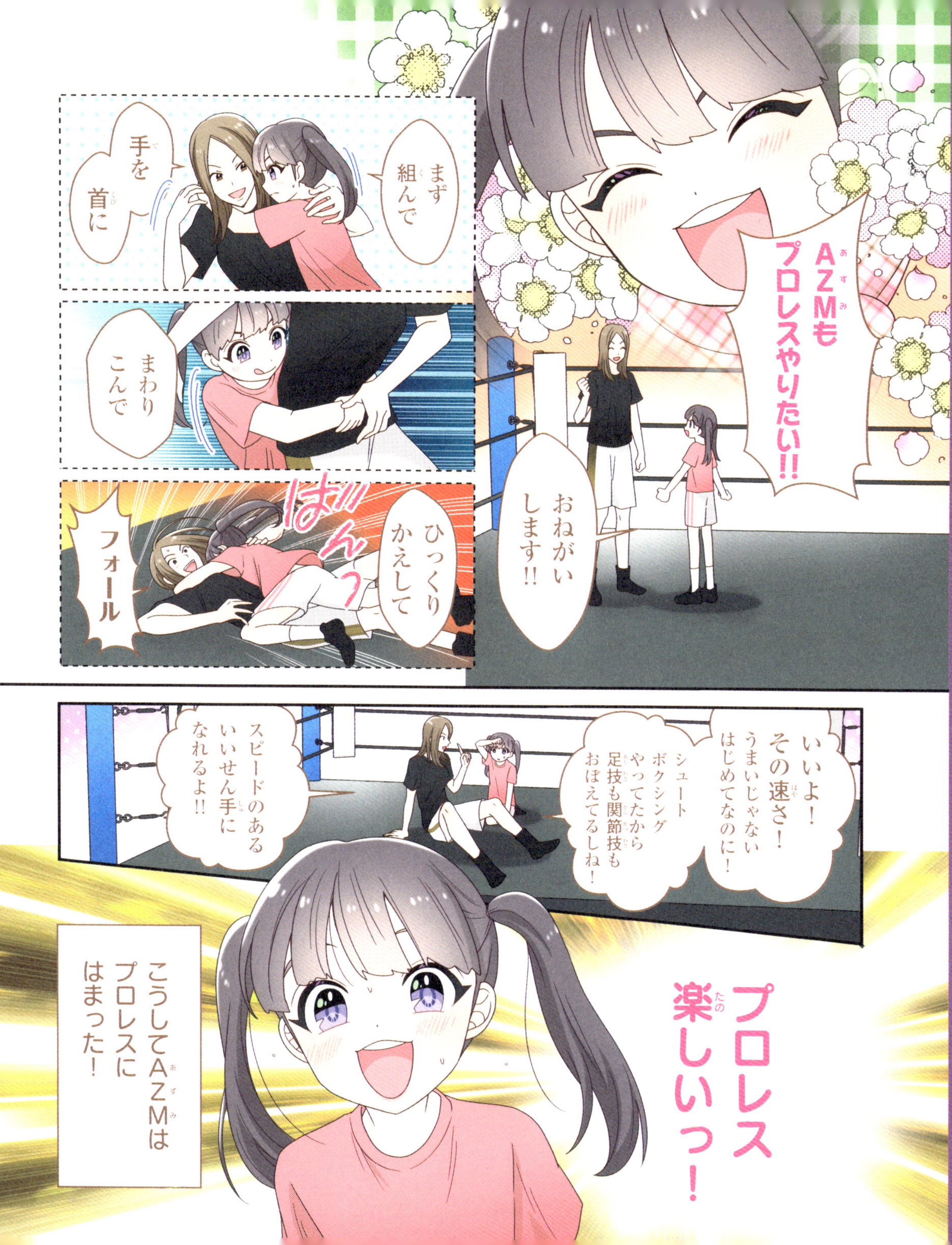

AZM《あずみ》もプロレスやりたい!!
おねがいします!!
まず組《く》んで
手《て》を首《くび》に
まわりこんで
ひっくりかえして
ばんっ
フォール
いいよ! その速《はや》さ! うまいじゃない はじめてなのに!
シュート ボクシング やってたから 足技《あしわざ》も関節技《かんせつわざ》も おぼえてるしね!
スピードのある いいせん手《しゅ》に なれるよ!!
プロレス楽《たの》しいっ!
こうしてAZM《あずみ》はプロレスにはまった!

そして 小《しょう》5でキッズレスラーとしてデビュー
やがてスターダムのクイーンズクエストに加入《かにゅう》
紫《し》雷《らい》イオさんと出《で》会《あ》った
たくさんの人《ひと》たちと出《で》会《あ》った
プロレスを通《つう》じて大《たい》切《せつ》なことをたくさん教《おそ》わった
まずはあいさつしなさい
はいっ！おはようございます
でも……
フォール
1《ワン》、2《ツー》、3《スリー》
カーン
カーン
カーンッ
また負《ま》けちゃった……でも大人《おとな》あい手《て》じゃしかたないし…

AZM《あずみ》新加入《しんかにゅう》の子《こ》たちだよ
スターライト・キッドです
るあかです
マスク…
よろしくおねがいします
やっ
くるっ

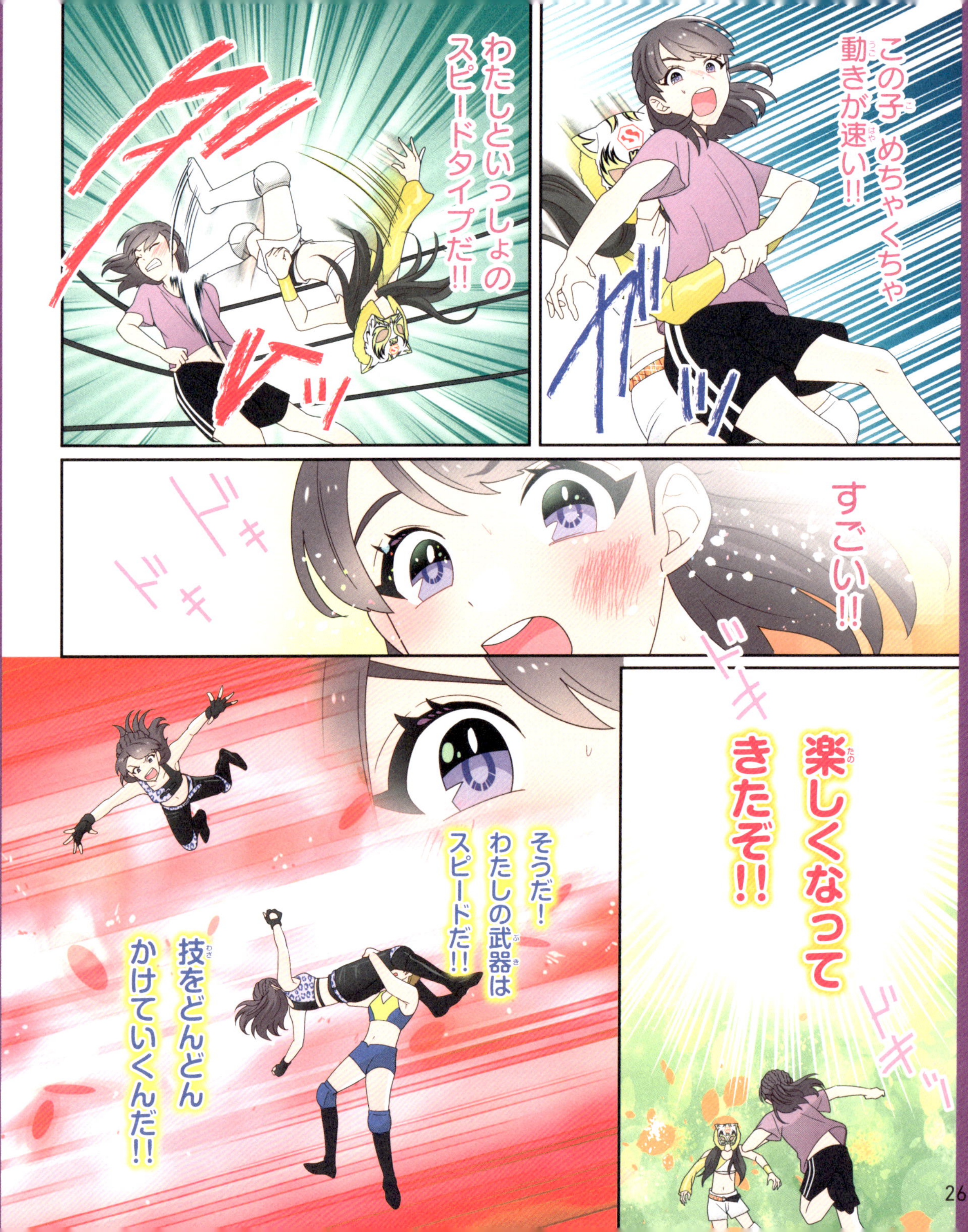
この子《こ》めちゃくちゃ
動《うご》きが速《はや》い!!
わたしといっしょの
スピードタイプだ!!
すごい!!
ドキ
ドキ
ドキ
楽《たの》しくなって
きたぞ!!
ドキッ
そうだ!
わたしの武器《ぶき》は
スピードだ!!
技《わざ》をどんどん
かけていくんだ!!

AZM《あずみ》は少《すこ》しずつ勝《か》てるようになっていった
そして
キッドとスピードスター王者《おうじゃ》のベルトをかけてたたかうことになった
ダ
やっぱりキッドは速《はや》い！ そして強《つよ》い！
わくわくする!!
ッッ
ぐるんっ
AZM《あずみ》!! AZM《あずみ》!!
ワァィ
ァァァァァ
キッド!! キッド!!
いっくぞー!!

ひっさつ
あずみ寿《ず》司《し》！
バッ
フォール
1《ワン》
2《ツー》
3《スリー》
カンカンカーンッ
DOM
勝《しょう》者《しゃ》AZM《あずみ》！

一《いっ》丁《ちょう》あがりっ!!
ちら…
今日はAZMが勝てた……
でも次やったら
どちらが勝つか
わからない
そのくらい
スターライト・キッドは
すごい……!!
スッ
また
やろう!

★おわり★「ぷっちぐみ」2023年《ねん》8月《がつ》号《ごう》掲《けい》載《さい》

スターダムのゴリマッチョ！
飯《いい》田《だ》ー沙《さ》耶《や》ーー‼
ゴング3 筋肉《きんにく》はうらぎらない！ 飯《いい》田《だ》沙《さ》耶《や》

あっしは飯田沙耶《いいださや》 あたしを〝あっし〟というのは 口《くち》ぐせだよ
数年前《すうねんまえ》まで ただの 女《おんな》のコだった
プロレスを はじめるまで ひとりぼっちの ときが多《おお》かった
自由《じゆう》でいいやと 思《おも》ってた
プロレス
初心者歓迎
へえぇー プロレスだって! 見《み》てみようかな
すきな はいゆうさんも よく見《み》るって 言《い》ってたし
わぁー スゴイ カッコイイ
STARDOM
プロレス やりたい!!
あっしは すぐに 女子《じょし》プロレス団体《だんたい》 〝スターダム〟に 入門《にゅうもん》した

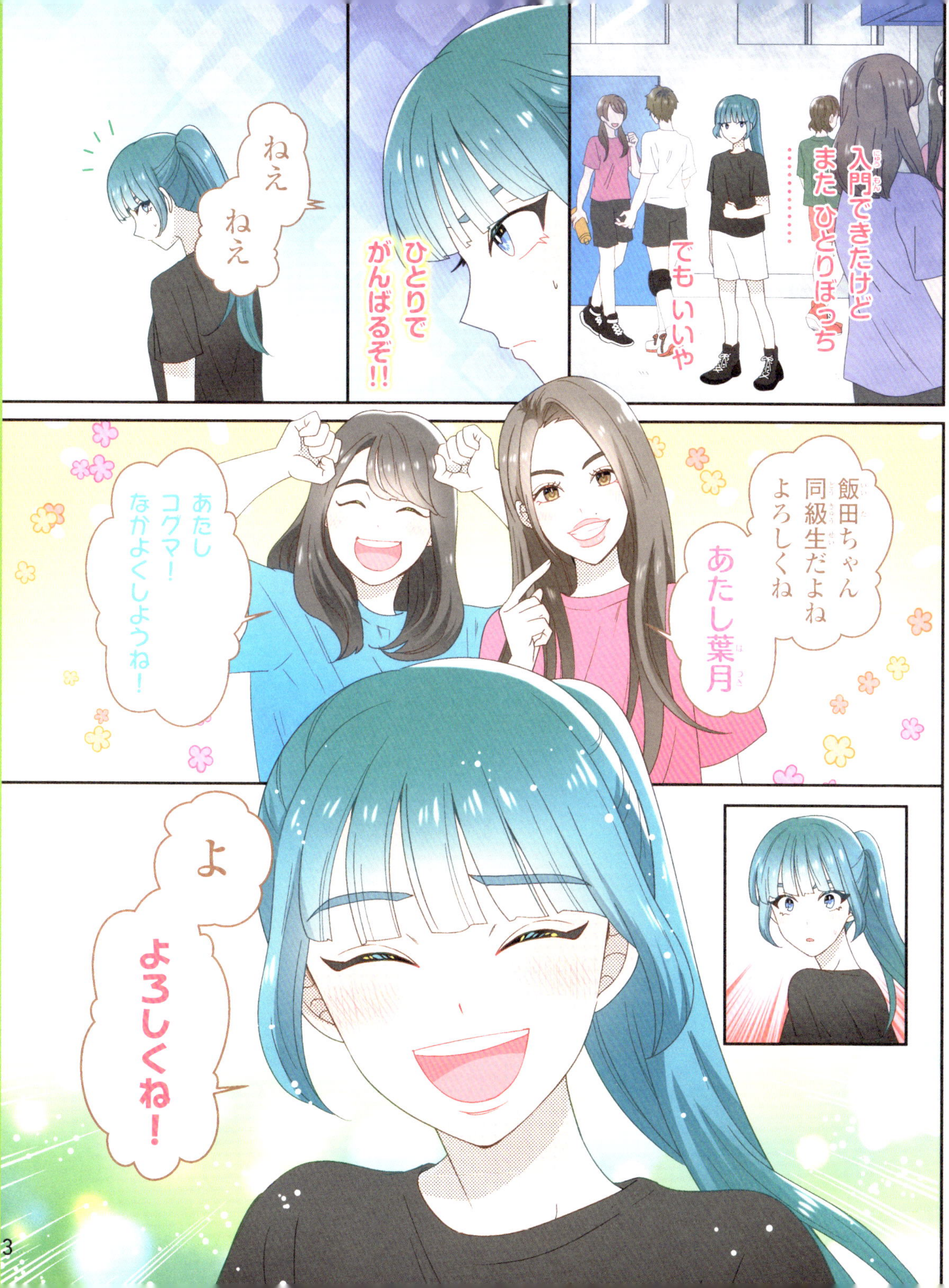
入門《にゅうもん》できたけど
また ひとりぼっち……
でも いいや
ひとりで がんばるぞ!!
ねえ ねえ
飯田《いいだ》ちゃん同級生《どうきゅうせい》だよねよろしくね
あたし葉月《はつき》
あたし コクマ! なかよくしようね!
よ
よろしくね!

岩《いわ》谷《たに》麻《ま》優《ゆ》さんのSTARS《スターズ》という
ユニットに入《はい》って なかまもできた
なかまができるって
こんなに楽《たの》しいことなんだ!!
ただ
ファアアアア
ファイトスタイルは
みんなちがった
みんなすごい
ファイトスタイルで
チャンピオンベルトを
手《て》にしていった

あっしには
なにがあるんだろう
みんなより
背《せ》もひくいし
パッとははなやかな
わけでもない
ジュリアせん手《しゅ》
スピードで
まさるわけでもない
AZM《あずみ》せん手《しゅ》
あっしの武器《ぶき》は…
なんだろう

今《いま》はとにかくひっしでトレーニングしよう！
グッ
フンッ
フンッ
フッ
フッ
……ん？
飯田《いいだ》ちゃんは筋肉《きんにく》がつきやすい体《からだ》してるね
えっ
トレーナーさん

赤《あか》コーナー
飯《いい》田《た》ー沙《さ》耶《や》ーー
よーし
筋肉《きんにく》!!
ゴリラみたいに
むねをたたいてみよう!!
ドンッ
ドッ
ドッ

ワーッ
かっこいい
ワァァァ
ワーーッ
マッチョゴリラだ
オオオオオオ!!
ワー
よーし!!
どんどんきたえるぞ!
きたえぬかれた飯田《いいだ》の水平《すいへい》チョップみだれうち
これはきいている!!

そして弱点《じゃくてん》は
飯田《いいだ》 低《ひく》い位置《いち》からのタックル――
ドッ
そして うでをとって
強《つよ》みに 変《か》えていけばいい
飯田橋《いいだばし》
ブリッジで おおいかぶさる!!
決《き》め技《わざ》
飯田橋《いいだばし》――!!

★おわり★「ぷっちぐみ」2023年《ねん》10月号掲載《がつごうけいさい》

せん手《しゅ》ファイル 3

飯田沙耶《いいださや》

DATA
★たん生日《じょうび》:5月《がつ》19日《にち》 ★出《しゅっ》しん地《ち》:千葉県《ちばけん》
★しん長《ちょう》:145cm《センチメートル》 ★体《たい》じゅう:54kg《キログラム》

ユニット「スターズ」のメンバー♪

STARS

学生《がくせい》のころはりく上《じょう》ぶ!

たんきょり走《そう》をやっていたよ。自分《じぶん》の体《からだ》1つ《ひと》でできるスポーツがとくい!

話《はな》し方《かた》が江戸《えど》っ子《こ》!

自分《じぶん》のことは、あっし(=わたし)って言《い》ってるよ。

ベンチプレスはさい大《だい》60kg《キログラム》!

きんにくのしつがいいって、トレーナーさんに言《い》われる!

小《ちい》さいころのゆめはケーキやさん

あまいもの大《だい》すき♥ 今《いま》もトレーニング後《ご》のプロテインは、あまいフレーバーをえらぶよ。

せん手《しゅ》ファイル 4

スターライト・キッド

DATA
★たん生日《じょうび》&《アンド》出《しゅっ》しん地《ち》:ヒミツ!
★しん長《ちょう》:150cm《センチメートル》
★体《たい》じゅう:49kg《キログラム》

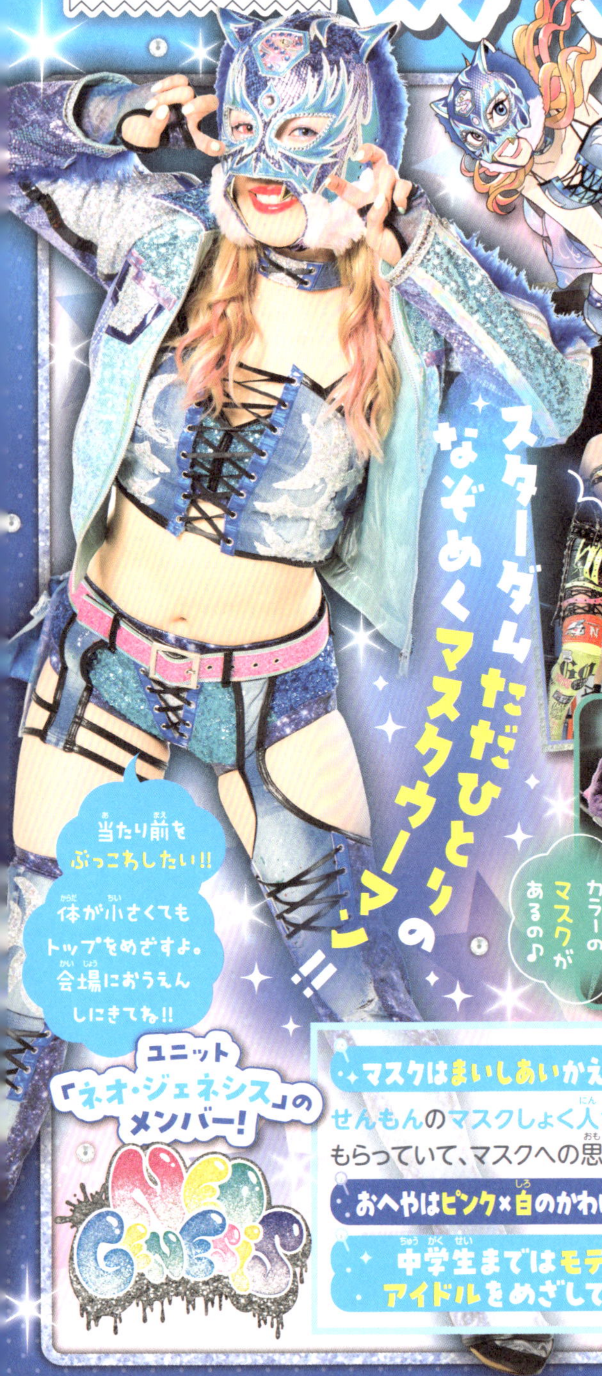

スターダムただひとりのなぞめくマスクウーマン!!

プランチャー
ロープのはんどうを生《い》かしたダイブわざ。

ドロップキック
よこむきのとびげり!

キレあじするどい空《くう》中《ちゅう》わざ!!

はり手!

いろんなカラーのマスクがあるの♪

黒《こっ》虎《こ》脚《きゃく》殺《さつ》

▲足《あし》をおさえこんでかんせつをキメ!

当《あ》たり前《まえ》をぶっこわしたい!!
体《からだ》が小《ちい》さくてもトップをめざすよ。会《かい》場《じょう》におうえんしにきてね!!

ユニット「ネオ・ジェネシス」のメンバー!

マスクはまいしあいかえてとう場《じょう》!

せんもんのマスクしょく人《にん》さんに作《つく》ってもらっていて、マスクへの思《おも》いは強《つよ》いよ。

おへやはピンク×白《しろ》のかわいいけい♡

中《ちゅう》学《がく》生《せい》まではモデルやアイドルをめざしていた!

もともとはSTARS《スターズ》のメンバーだった!

STARS《スターズ》から、ワルなユニット大《おお》江《え》戸《ど》隊《たい》へ。大《おお》江《え》戸《ど》隊《たい》が消《しょう》めつして、今《いま》のユニットに!

ぷっちぐみを読《よ》んでいたよ

ラブ and《アンド》ベリーやプリズム、プリマジのカードゲームにむ中《ちゅう》な女《おんな》の子《こ》だったよ♪

わたしは スターライト・キッド
ふくめんレスラー
STARS《スターズ》に入《はい》っていたが
悪《あく》のみりょくにとりつかれ
大江戸隊《おおえどたい》に入《はい》った
そして今《いま》は――
4《ゴング》 なぞめくマスクウーマン！
スターライト・キッド

S《エス》
L《エル》
K《ケー》
S《エス》
L《エル》
K《ケー》
パン
パンッ
パンッ
ワッ
闇《やみ》におどる 空虎《スカイ・タイガー》
スターライト・キッド

ふだんはー
ねえ るあか これ かわいくない？
かわいい
大《おお》江《え》戸《ど》隊《たい》のなかま
るあか
こんどの さつえい会《かい》 これ着《き》ようかなー
きゃ
にあうよ
るあかの服《ふく》もえらんで〜
きゃっ
きゃあっ

いえーい！
大江戸隊参上♡
るあか&キッド
キッド もりもりー
かわいいっ
きゅっ♡
きゅっ♡
きゅっ♡
るあか だって！
ねえ クレープ 食《た》べよっ

うっとり…
んまあー♥
明日《あした》は試合《しあい》だね がんばろうねー
クリーム ついてるっ
うん!!
そう
ふだんは どこにでもいるような 女《おんな》のコ
でも
仮面《かめん》をかぶれば

へんしん!
かかって こい チビ
はあ~?
そんなこと言っていいの~~?
スターライト・キッドをあまく見《み》るといたい目《め》あうよ!?
やっ

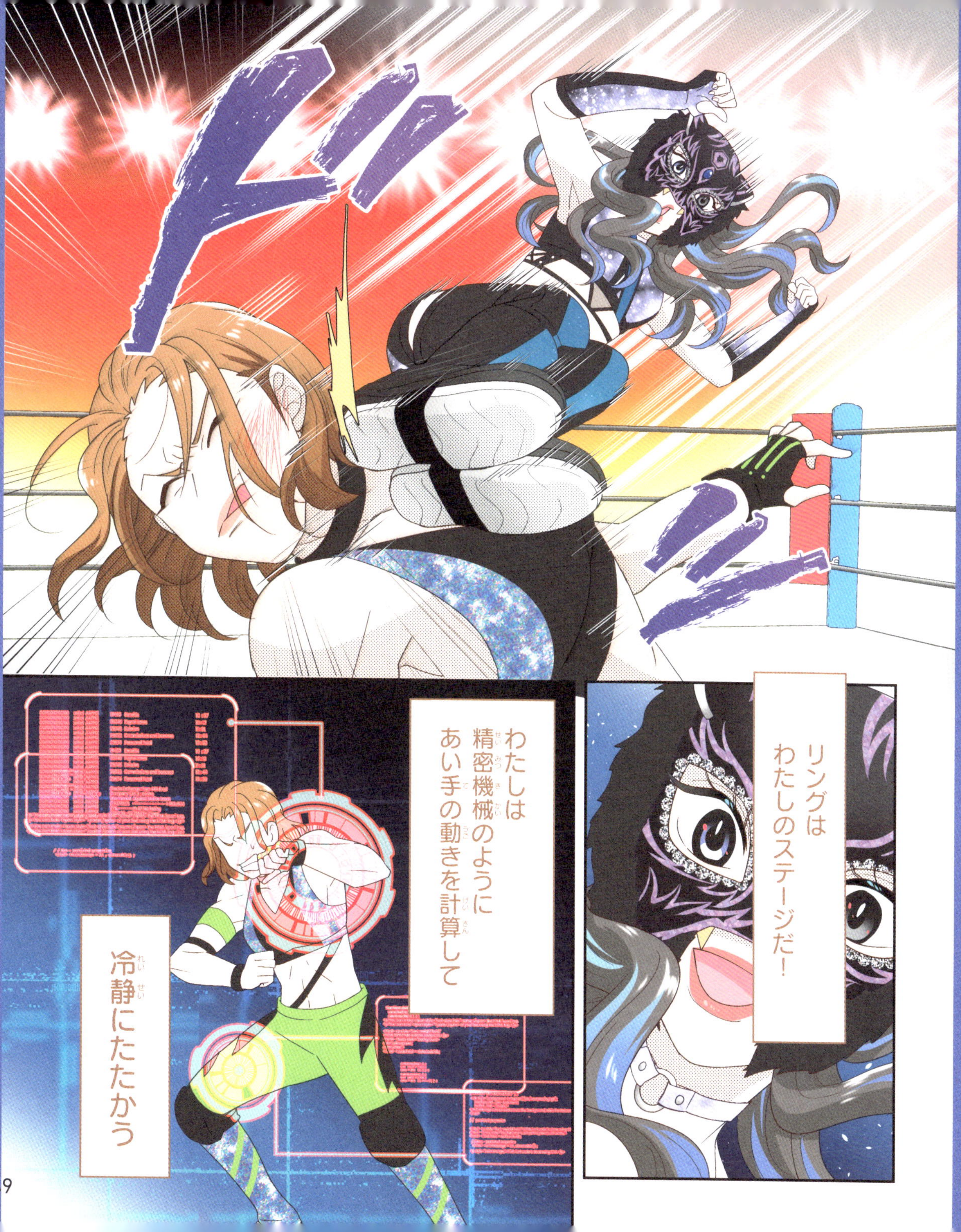
ドッ
リングは
わたしのステージだ!
わたしは
精《せい》密《みつ》機《き》械《かい》のように
あい手《て》の動《うご》きを計《けい》算《さん》して
冷《れい》静《せい》にたたかう

さすが空虎《スカイタイガー》！スターライト・キッド
ロープの上《うえ》を自由《じゆう》にかけまわる！
タタ
タタタタタ
ダンッ
ガッ
!!

新《しん》ひっさつ技《わざ》モモ☆ラッチ!!
首《くび》を足《あし》ではさみひねってダウンさせたーー！
フォール
1《ワン》
2《ツー》
3《スリー》
ダンッ!!

★おわり★「ぷっちぐみ」2023年《ねん》11月号掲載《がつごうけいさい》

あたし なつぽい！
絶対的ヒロイン
ゴング5
リングの妖精《ようせい》！
なつぽい
新《しん》体そうや
バトントワリングが
すきな子《こ》やくスター
だったの！
ある日《ひ》
なつぽい
プロレス
やってみない？
マネージャーさん
やだーー
こわいーー
なぜー!?
……
じゃあ
見《み》るだけ！
アイスかってあげるから♥
ピクッ
行《い》こう！
アイス♥
……
ヤレヤレ…

わー
見《み》て あの人《ひと》！
あんな大《おお》きな人《ひと》
投《な》げてる！
あの人《ひと》
あんな高《たか》いところから
とんでる！
わー！
わーー！
うず
うず
うず
うず
なつぽいも
リングの上《うえ》で舞《ま》いたい！
リングの妖《よう》精《せい》になる！

うぉおおおお
でも
じっさいは…
!
ぴゃっ
きゃーーっ
!?
ひっ
!?
きゃーーっ
ぴゅ
こら
にげるな
だってー
やっぱり いたいの
こわいし
あのなぁ
はー
弱《よわ》い妖精《ようせい》なんて
だれも
見《み》てくれないぞ

弱《よわ》い妖精《ようせい》は
だれにも見《み》てもらえない…
なつぽい…
強《つよ》くなる
ぐ……
ズン
みんなに見《み》てもらえるステキなリングの妖精《ようせい》になる!
まだまだぁ!

カンカンカンッ
ズン
ガッ
大《おお》きいあい手《て》!
でも負《ま》けたくない!
このあい手《て》をたおすには…
あたしにしかできない技《わざ》は……

ひゅっ
あたしが
とくいなのは
高《たか》さ！ 速《はや》さ！
それに
回《かい》転《てん》！
ガッ
ぐるんっ

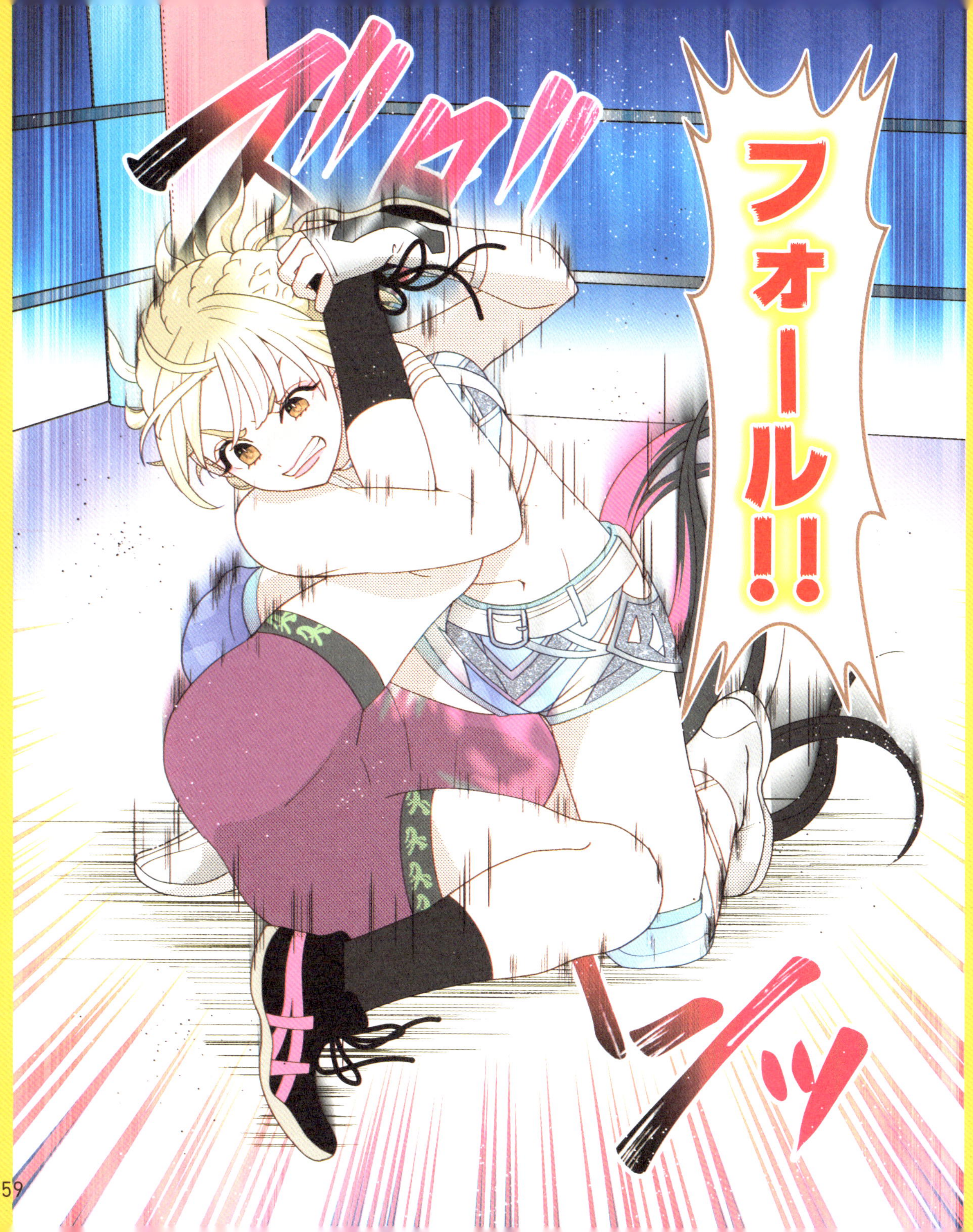
フォール!!

ざわ…
い
今《いま》のは──!?
速《はや》すぎて見《み》えませんでしたが!?
実況席
解説席
側面《そくめん》からジャンプしてあい手《て》の肩《かた》にのり
肩車《かたぐるま》じょうたいに
そこからよこ回転《かいてん》をしつつ
前方《ぜんぽう》に引《ひ》きたおしてまるめこんでフォール!
ですね!
ワァアアアア
オォ
アァアァ
まさに妖精《ようせい》のまばたき!
フェアリーブリンクだ!
オォ
なっぽい!
ハァ
ハァ
オォ
オォ
なっぽい!
オォ

うおーーっ!!
どんなあい手《て》でもたおしてやる!

★おわり★ 「ぷっちぐみ」2023年《ねん》12・1月号掲載《がつごうけいさい》

せん手《しゅ》ファイル 5

なつぽい

★たん生日《しょうひ》:7月《がつ》19日《にち》
★出《しゅっ》しん地《ち》:神奈川県《かながわけん》
★しん長《ちょう》:150cm《センチメートル》
★体《たい》じゅう:47kg《キログラム》

絶対的《ぜったいてき》
ヒロイン感《かん》!!

…でも、かわいいだけじゃない!

アイドル出《しゅっ》しん
ハイスピード・フェアリー♥

はじめて女子《じょし》プロを見《み》た時《とき》、心《こころ》うたれて涙《なみだ》が出《で》たんだ。みんなにも会場《かいじょう》で見《み》てほしいな。

ユニット「コズミック・エンジェルズ」のメンバー!

COSMIC ANGELS

ベースはバトントワリング

6才《さい》～高《こう》3までうちこんでいたよ。そのうごきが、今《いま》の側転《そくてん》わざに生《い》きているの。側宙《そくちゅう》もできるよ!

ティンカーベルがあこがれ♥

小《ちい》さくて生意気《なまいき》なところがにているし、あんな風《ふう》にかろやかにうごきたい。

カラオケとアニメが大《だい》すき!

トレーニングの後《あと》に、ひとりで行《い》って歌《うた》いまくるよ♪ ねずこのコスプレをしたことも…♡

しあい中《ちゅう》に声《こえ》を出《だ》しがち

小声《こごえ》で「いっぱつくらえー」とか言《い》っちゃうんだ～w

せん手《しゅ》ファイル 6

朱《しゅ》里《り》

DATA
★たん生日《じょうび》:2月《がつ》8日《ようか》
★出《しゅっ》しん地《ち》:神奈川県《かながわけん》
★しん長《ちょう》:164cm《センチメートル》
★体《たい》じゅう:57kg《キログラム》

キックボクシング王《おう》座《ざ》にもかがやく『モノがちがう女《おんな》』！

ハイレベルなわざたち!!

やりたいことは、すぐやってみて！ ふれることで見《み》えてきたり、めぐり会《あ》えるものがきっとあるよ。

元《もと》キックボクシング女王《じょおう》！ キレあじするどいキック!!

たたかいの後《あと》にハグも…★

かんせつわざもお手のもの★

ユニット「ゴッズアイ」のメンバー！！

God's Eye

後《こう》かいなく生《い》きる

いつも心《こころ》の中《なか》にこの言葉《ことば》をもっているの。

スポーツが大《だい》すき！

空手《からて》、ダンス、水《すい》えい、りく上《じょう》、テニスをしていたよ。そろばんもやってた。

なんでもやってみるタイプ

ハマったら、楽《たの》しむだけじゃなくてけっかを出《だ》したくなっちゃう。

女《じょ》ゆうがゆめだった

かくとうぎに出会《であ》う前《まえ》にめざしていたよ。今《いま》もぶたいやえい画《が》など、よく見《み》に行《い》くよ。

うらないがすき！

当《あ》たる当《あ》たらないでなく、その時《とき》のじぶんの考《かんが》えをまとめるのに生《い》かしているかな。

わたしは 朱里《しゅり》
体《からだ》を動《うご》かすのが大《だい》すき
キックボクシングや
総合格闘技《そうごうかくとうぎ》の
日本《にっぽん》チャンピオンになり
海外《かいがい》のUFC《ユーエフシー》※でも
かつやくした
数少《かずすく》ない日本人《にっぽんじん》せん手《しゅ》
※UFC《ユーエフシー》（アルティメット・ファイティング・チャンピオンシップ）…せかい最大《さいだい》の総合格闘技団体《そうごうかくとうぎだんたい》のことだよ。
いつしか人《ひと》はわたしを
こうよんだ
元《もと》キックボクシング女王《じょおう》
ゴング 6
モノがちがうキック!
朱里《しゅり》

モノがちがう女《おんな》ーー…と
でも……
朱里《しゅり》さんなにしてるんですか？
God's Eye
動きたくない
んー…

さぶろうかいてたのー
ほにゃ〜ん
なにそれかわいい〜
さぶろうは女《おんな》の子なのー
よっ
さて…
練習《れんしゅう》しようか
あと友だちのしげるとかストーリーをかんがえるのがすきなんだ
あはは やるやん〜♡
ぐっ

ギラッ
ありゃあああっ
朱里《しゅり》さん ずるいよー! ふだん ふにゃってしてるのにっ
ゴゴゴ
ゴゴゴ
ゴゴゴ
ゴ
ゴ
練習《れんしゅう》のオニ! めちゃくちゃ練習《れんしゅう》するもんなー!
ドサッ
それが強《つよ》さのヒミツだけどね
わたしたちも負《ま》けないぞ!
God's Eye

わたしは人《ひと》がマネできないくらい練習《れんしゅう》するのがすき！
だれよりも強《つよ》くなりたい！
強《つよ》くなってママをよろこばせたい
ママは小《ちい》さいころからなにをしてもほめてくれた
朱里《しゅり》はなにをやらせても上手《じょうず》ね！
ママのえがおを見《み》るのが大《だい》すきだった

ママは今《いま》 天国《てんごく》にいる
でも わたしを見守《みまも》ってくれている
いのちはみじかい
だから なんでもやってみる
やりたいことはすぐやったほうがいい
やったらなにかが見《み》えてくるから
赤《あか》コーナー モノがちがう女《おんな》
朱里《しゅり》――!
ワアアアアア

ううっ
す すごい はくりょく…
ガンッ!
※ワルツ・ジルバ…ダンスのしゅるい。
※ワルツ…3拍子《ひょうし》のゆうがな円舞曲《えんぶきょく》に合《あ》わせておどるダンス。
ジルバ…足首《あしくび》とひざをつかって楽《たの》しくおどるダンス。
うおりゃあああ！
ガッ
朱里《しゅり》ー!!
朱里《しゅり》さんは どんなあい手《て》にも あわせられる すごいレスラーだ
あい手《て》が ※ワルツならワルツ ※ジルバをおどれば ジルバってやつね
そして最後は…

あっ
うおおおおぅ
ぐ
自分《じぶん》の技《わざ》でキメる！
朱《しゅ》せかい!!

フォール!!
1《ワン》.
2《ツー》.
3《スリー》!!

天国のママ……!!
朱里は最強のレスラーでいるよ!

★おわり★ 「ぷっちぐみ」2024年2・3月号掲載

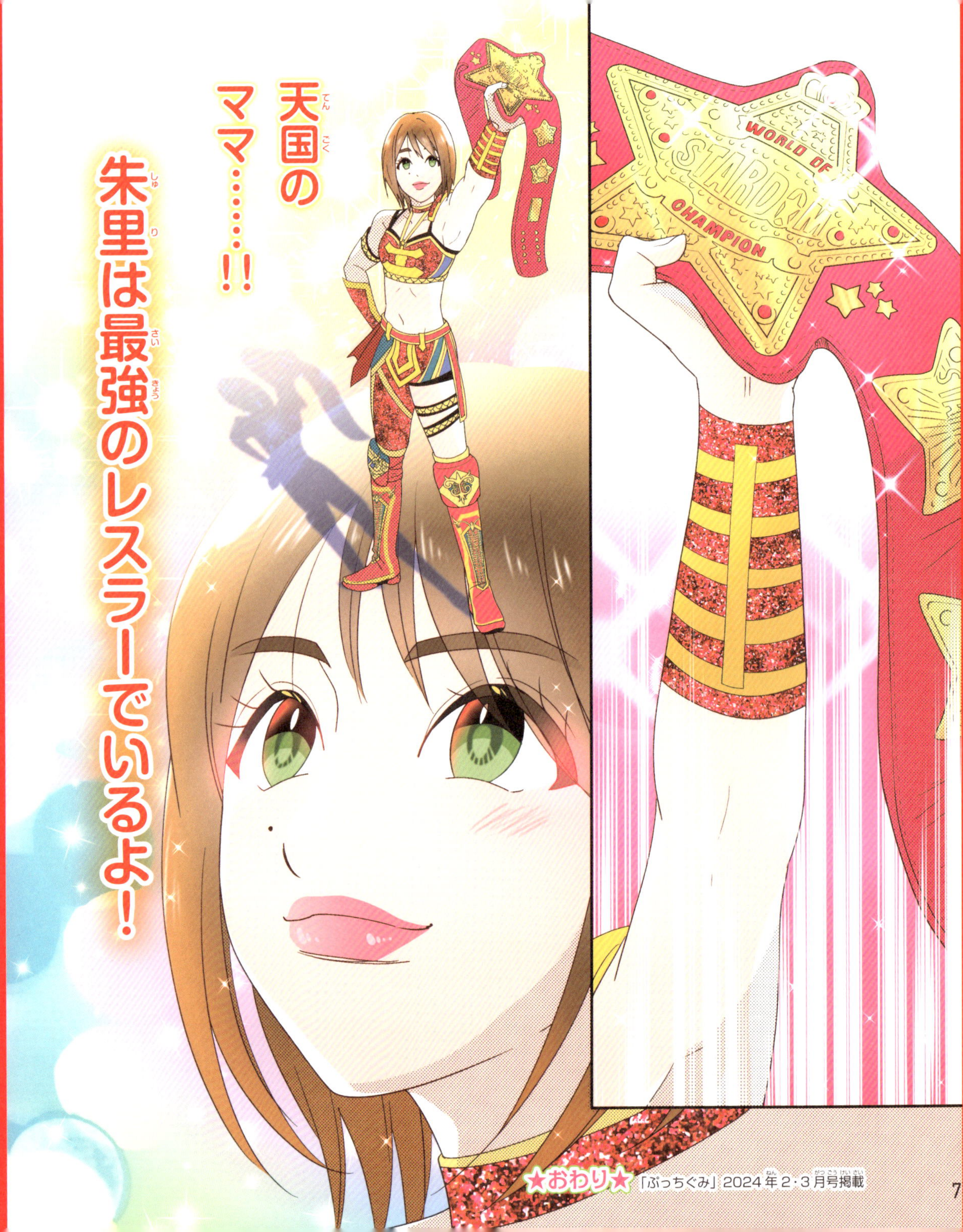

Message《メッセージ》

小《ちい》さいころ、おばあちゃんとよくプロレスを見《み》ていました。
ジャイアント馬場《ばば》※1が大《だい》すきでした。
そのあと、ビューティ・ペア※2の歌《うた》を歌《うた》ったり、
クラッシュギャルズ※2のざっしのきりぬきをもってたりしました。
いま、プロレスとこんなふうにかかわれて、とてもうれしいです!
あついたましいをかんじてもらえたらしあわせです。
女《おんな》の子《こ》たちにつよくたくましくあってほしいです。

今井康絵《いまいやすえ》

おうえんありがとう
みなさんの おかげで
単《たん》行《こう》本《ぼん》に なりました!
ありがとうございます

※1　むかしのつよいプロレスラーだよ！
※2　むかし大《だい》にんきだった、
女子《じょし》プロレスラーのチームだよ！

★ハラミユウキ先生《せんせい》からのメッセージ

ぷっちぐみベスト!!

STARDOM

WORLD WONDER RING

まんが スターダム☆ドリームズ

まんが 今井康絵・ハラミユウキ

2025年2月24日 初版第1刷発行

★構成　冨永エマニ・坊野五月
★カバー・本文デザイン　関戸 愛（株式会社ATOM STUDIO）
★制作　久保結菜
★販売　飯田彩音
★協力　ぷっちぐみ編集部
★編集　稲垣奈穂子・山脇祐太郎・其田郁子
★監修　株式会社スターダム

★発行人　畑中雅美
★発行所　株式会社小学館
〒101-8001　東京都千代田区一ツ橋2-3-1
★電話　編集　☎03-3230-9237
販売　☎03-5281-3555
★印刷　岩岡印刷株式会社
★製本　株式会社若林製本工場

書籍の内容に関するお問い合わせ　ぷっちぐみ編集部（☎03-3230-9237）
書籍の販売に関するお問い合わせ　小学館愛読者サービスセンター（☎03-5281-3555）

※本書は小学館「ぷっちぐみ」2023年8月号～2024年2・3月号掲載作品を
再構成したものです。

Printed in Japan　ISBN 978-4-09-280522-4

どのせん手《しゅ》のひっさつわざかな？ パート2

この本《ほん》に出《で》てくるせん手《しゅ》たち（スターライト・キッドせん手《しゅ》、なつぽいせん手《しゅ》、朱里《しゅり》せん手《しゅ》）のひっさつわざを見《み》つけてね！

青《せい》龍《りゅう》

スター・スープレックス・ホールド

黒《こく》虎《こ》天《てん》罰《ばつ》

玄《げん》武《ぶ》

朱《しゅ》せかい

冠《かん》先《せん》割《かつ》

フェアリング・リング

流《りゅう》炎《えん》

フェアリーマジック

フェアリープリンセス